13 Stunden war ich tod

Eine wahre Geschichte

Evelyn Lawrence

13 Stunden war ich tod

Eine wahre Geschichte

© 2025 Evelyn Lawrence

Verlag: BoD · Books on Demand GmbH, In de Tarpen 42, 22848 Norderstedt, bod@bod.de
Druck: Libri Plureos GmbH, Friedensallee 273, 22763 Hamburg
ISBN: 978-3-7693-3955-0

Quelle: www.kialtoszo.hu/ 13 óra a hullaházban
Bilder: bedneyimages auf freepik und von freepik

Coverdesign von Werbeagentur Spengler – Düsseldorf
https://werbeagentur-spengler.jimbosite.com

Inhaltsverzeichnis

Vorwort

Die Geschichte basiert auf einer wahren Begebenheit. Die Hauptfigur, die in der Hölle und dann im Himmel war, gibt ein Interview über das, was ihm widerfahren ist. Er hatte nie zuvor eine solche Erfahrung gemacht und war immer gesund. Er war zuvor ein überzeugter Atheist, von dem niemand gedacht hätte, dass er an Gott glauben würde.
Die Erzählung seiner Geschichte dient der Ehre Gottes, denn Gott möchte, dass die Menschen umkehren und an ihn glauben.

Ziel des Buches ist es, dass die Menschen sich ändern, denn was in unserer Welt geschieht, wird auf lange Sicht zum Aussterben der Menschheit führen. Die Veränderung muss bei uns selbst beginnen. Lassen Sie uns gemeinsam eine Welt verändern, in der es keine Gier gibt, sondern Selbstlosigkeit. In der es keinen Hass gibt, sondern Liebe, in der es keinen Krieg gibt, sondern Frieden. In der es keine Gewalt gibt, sondern Freundlichkeit, in der es keine Spaltung gibt, sondern Einheit, in

der es keine Ausbeutung gibt, sondern
Gerechtigkeit, in der es keine Armut und
keinen Reichtum gibt, sondern Gleichheit,
mit gleichen Chancen!

Eine Welt, in der Liebe existiert und die
Gesellschaft von Liebe bestimmt wird. Wo
jeder den anderen mit Liebe und Respekt
behandelt, weil jeder Gott in sich hat.
Liebt, also seid nicht nur selbstliebend,
nicht nur eure eigene Familie, sondern
kümmert euch um die wirklich bedürftigen.
Denn wenn du anderen hilfst, hilfst du dir
selbst.

    Evelyn Lawrence

Einleitung

Also hat Gott die Welt geliebt, dass er seinen eigenen Sohn gab, auf dass alle, die an ihn glauben, nicht verloren werden, sondern das ewige Leben haben.

Lutherbibel: Johannes 3:16

Kapitel I - Berührung Gottes

Kapitel I/1. - Der Ateist

Rumänien, Satu Mare, Juni 1977

„Schön, dass wir dich wieder sehen dürfen, Gavril! Wir wollten dich nicht stören. Deine Frau und wir haben uns besprochen, wann wir dich besuchen können."
„Ich bin so froh, dass du hier bist, Valea und ich dir erzählen kann, was mit mir passiert ist. Da meine Freunde zu mir gekommen sind, möchte ich euch erzählen, wie ich Gott gefunden habe und ich möchte allen davon erzählen, denn was ich sage, ist wahr und heilig. Was ich sage, sage ich, weil ich in meiner Seele froh bin, dass Gott sein Vertrauen in mich gesetzt und mein Leben verändert hat. Der Gott hat mich überzeugt. Niemand hätte mich davon überzeugen können, dass es Gott gibt."
„Soll das heißen, dass Sie Atheist waren?"
„Ja, ich war ein Atheist, ein überzeugter Atheist. Deshalb habe ich immer gesagt, dass ich an nichts glaube. Ein Atheist glaubt an nichts, weder an den Himmel noch an Gott, noch an die Hölle, noch an den Teufel."
Nur an das, was man sehen und fühlen kann. Aber der liebe Gott hat mich am 29. Juni 1973, als ich fast 35 Jahre alt war, berührt

und ich weiß , dass er existiert. Denn ich habe es an dem Tag
gesehen, gehört und gefühlt, als mein Körper 13 Stunden für tot
erklärt wurde. Natürlich sagten die Ärzte, dass ich klinisch tot sei.
Ich weiß nicht, wie mein Körper beschaffen war. Ich verlor das
Bewusstsein und spürte nichts von meinem Körper. Trotzdem
konnte ich sehen, hören und fühlen. Aber nicht mit leiblichen
Augen, nicht mit leiblichen Ohren und nicht mit den leiblichen
Sinnen, denn ich befand mich in einer ganz anderen Welt. Ich
verließ also diese Welt und musste eine andere Welt erleben.
 Doch zunächst möchte ich euch sagen, dass ich in einem Dorf im
Márkaszék gelebt habe, denn meine Frau stammt von dort und
von dort aus gingen wir zur Arbeit in das Dorf Felsö Kaznacs.
Mein Beruf ist Maurer und Maler. Zusammen mit meinem
Bruder, der 5 Jahre jünger ist als ich, gingen wir arbeiten in Felsö
Kaznacs. Dort wurden wir eingeladen, ein Haus außen und innen
zu verputzen. Von Montag bis Donnerstag waren wir dort sehr
fröhlich. Ich schickte meinen Bruder ins Haus, um den
Plattenspieler einzuschalten und Musik zu hören. Ich mochte alle
Arten von Musik und ich trank und rauchte gerne. Nicht, um
mich zu betrinken, sondern einfach nur so. Ich sagte immer, ich
würde alles trinken außer Benzin und das ist keine Sünde, nichts
ist eine Sünde. Nie einmal gedacht, dass es eine Sünde ist,
jemanden zu verprügeln. Trotzdem habe ich nie jemanden
verletzt. Von Montag bis Donnerstag arbeiteten mein Bruder und
ich sehr gerne. Wir steckten uns eine Zigarette nach der anderen
an und wechselten uns ab, legten verschiedene Schallplatten auf.
Am Donnerstag um viertel vor zwölf kam die Wirtin und sagte:
„Meine Herren, das Mittagessen ist fertig!“
In der Zwischenzeit sagte sie zu ihrem Mann:

„Ist es wahr, dass morgen das Fest des heiligen Petrus und des heiligen Paulus gefeiert wird?“ Und er fragte uns:
„Wollt ihr morgen feiern oder arbeiten? Ihr könnt morgen arbeiten, denn ihr seid Kommunisten.“
„Herr Vasile! Ich bin auch ein Kommunist und habe immer gearbeitet. Aber ich bin nicht weiter als die anderen und ich würde morgen nicht arbeiten, auch wenn Sie mir so viel zahlen würden, wie Sie mir zahlen. Ich möchte nach Hause gehen.“
„Und was willst du tun?“, fragte Vasile aus dem Haus.
„Herr Vasile, ich habe bis jetzt weder in der Heiligen Schrift gelesen noch gebetet. Aber jetzt möchte ich nach Hause gehen, schließe mich ein im Haus und will die Bibel lesen. Ich möchte herausfinden, was die Wahrheit ist und gleichzeitig möchte ich um Vergebung beten, weil ich mich als Sünder fühle. Ich habe meinen Bruder gefragt, ob er sich an einen Fall erinnert, in dem ich jemals jemanden geschlagen habe. Meine Frau habe ich nie angefasst und sie nie in meinem Leben geschlagen. Warum fühle ich mich wie ein Sünder?“
„Ich weiß es nicht, ich glaube, du bist dumm“, sagte der Bruder.
„Dass ich an Jesus und Gott glaube? Deshalb nennst du mich dumm?“
„Hast du das Gefühl, dass etwas Besonderes passiert ist, das dich dazu gebracht hat, deine Einstellung zu Gott zu ändern?“
„Ja, ich glaube, dass etwas Besonderes passiert ist. Der Geist Gottes ist in mich gefahren, denn niemand sonst hätte mich überzeugen können. Jeder hat versucht mich zu überzeugen oder ich habe zu ihnen gesagt, ihr seid entweder dumm oder töricht, denn ihr werdet mich nicht überzeugen können.“

Als ich nach all dem von der Leiter stieg, fühlte ich mich, als ob
ein Schwamm auf meinen Kopf gefallen wäre. Als ich den
Schwamm von meinem Kopf nehmen wollte, fühlte ich mich, als
hätte mich etwas wie ein elektrischer Schlag getroffen. Ich fühlte
mich erschüttert. Mein Bruder sprang herbei, nahm meine Hand
und fragte mich, was vorgefallen sei.

„Was ist denn mit dir los? Warum zitterst du so?"

„Ich weiß es nicht, Jon, ich fühlte mich, als hätte ich einen Schlag
auf den Kopf bekommen."

Und als ich meinen Kopf berührte, durchzuckte mich etwas wie
ein Schock. Mein Bruder fragte wieder:

„Was ist los mit dir? Warum zitterst du?"

„Ich weiß es nicht, Jon, etwas hat mich wie ein elektrischer
Schlag am Kopf getroffen. Dieser Stromschlag hat mich
erschüttert und jetzt muss ich weinen. Du weißt, dass ich nie
geweint habe, warum sollte ich jetzt weinen? Ich fühle mich wie
ein Sünder, ein Sünder."

„Du bist kein Verbrecher, Gavril. Hör auf zu weinen! Ich habe
dich noch nie weinen sehen. Warum weinst du jetzt?"

„Weil ich mich wie ein Verbrecher fühle, Jon. Auch, wenn ich
nie jemanden geschlagen habe. Warum fühle ich mich immer

noch wie ein Sünder?“

„Mach dir nichts draus, Gavril“, sagte Vasile, der Besitzer des
Hauses.

„Du hast Jesus nicht getötet.“

„Herr Vasile! Ich hörte einen Priester in Marcasses, in der Kirche,
in die ich eingeladen war, aber ich stand nur in der Tür und hörte,
wozu drinnen vor sich ging und hörte, wozu der Pastor predigte.“
Er sagte:

„Dass wir bis zu dem Tag, an dem wir uns zu Gott bekehren, im
Vergleich zu Jesus Sünder sind.“

Ich dachte, dass dieser Mann entweder verrückt oder dumm war,
dass er Unsinn redete und dachte mir, dass ich nicht länger
bleiben würde, denn wenn die Orgel erklingt, werde ich Lust
haben zu tanzen. Darum gehe ich lieber, bevor ich durch die
Orgel und die Predigt aus dem Konzept gebracht werde. Wenn
jemand versucht, mit mir über Gott zu reden, würde ich ihm ins
Gesicht sagen, dass sie/er entweder dumm oder töricht ist, weil
Gott nicht existiert.

„Zeig mir, dass es ihn gibt!“, sagte ich.

„Herr Vasile! Ich spüre, dass ich frei sein will, und ich heute
Nacht nicht im Haus schlafen möchte. Bitte machen Sie mir einen
Platz auf dem Heuboden oder draußen im Garten. Ich möchte
draußen schlafen, ich fühle, dass ich frei sein möchte. Drinnen
fühle ich mich eingesperrt, ich fühle mich nicht frei.“

„Na gut Gavril, ich mache dir einen Heuboden, aber du solltest
wissen, dass es dort Schlangen gibt.“

„Das macht nichts, ich schlafe trotzdem im Heu. Wenn ich nicht
im Heu schlafen kann, dann mach Platz für mich im Garten.“

Er machte schließlich einen Platz für mich im Heu und dort

schlief ich mit meinem Bruder. Mein Bruder sagte:

„Du hast die ganze Nacht geschlafen.“

„Ich weiß nicht, ob ich es geträumt habe, aber ich habe die ganze Nacht geweint. Wusste ich, dass ich schlief, aber ich weinte.“

Am Morgen, als wir vom Heu herunterkamen, gingen wir nach hinten zur Kuhtränke, um uns zu waschen. Nachdem wir uns gewaschen hatten, kam der Besitzer Vasile und fragte:

„Wie geht es dir, Gavril? Gestern wolltest du kein Glas Weinbrand trinken. Komm schon, trink jetzt wenigstens ein Glas. Du wirst sehen, du wirst dich sicher besser fühlen!“

„Herr Vasile! Bieten Sie mir nichts an, ich will weder Wein noch Schnaps. Sie haben doch gesehen, dass ich seit gestern nicht mehr rauche. Ich will keine Zigaretten, ich will nichts trinken, ich will nicht einmal etwas essen. Ich weiß nicht, was der morgige Tag bringen wird.“

Nachdem ich mich gewaschen, abgetrocknet und mit Herrn Vasile gesprochen hatte, sagte ich es zu meinem Bruder:

„Jon, lass uns nach Hause gehen. Wenn du mitkommen willst, dann komm, wenn nicht, kannst du bleiben.“

„Ich komme auch mit, ich lasse dich nicht allein gehen, denn man weiß nie, was einem passieren wird.“

„Jon, es passiert nichts, weil es nirgendwo weh tut. Mir wird nichts passieren. Ich gehe mit einem Ziel nach Hause und mein Ziel ist es, die Bibel zu lesen. Mein Wunsch ist es, die Heilige Schrift zu lesen, damit auch ich die Wahrheit erfahre und um Vergebung beten kann. Jon, ich möchte, dass mir vergeben wird, wenn du mitkommen willst, wenn nicht, dann bleibst du.“

Mein Bruder ist mit mir gekommen. Wir stiegen auf unsere Fahrräder und fuhren nach Hause in das Dorf Márkaszék.

Als wir nach Hause kamen und meine Frau mich sah, war sie
überrascht und
fragte:
„Was ist mit dir passiert, Gavril? Du bist so blass wie eine weiße
Wand!"
„Ich weiß es nicht, Florika. Ich fühle, dass ich keinen Appetit
habe. Bitte bereite etwas für meinen Bruder vor. Ich habe keine
Lust auf etwas. Jon hat mich gebeten, ihm zu helfen, das Fahrrad
zu reparieren. Ich helfe ihm, dann gehe ich zu meiner Arbeit."
Mein Ziel ist es in das große Haus hinaufzugehen, denn wir
wohnten in der Sommerküche im Dorf und dort in der Schrift zu
lesen, um die Wahrheit zu erfahren. Das war mein Ziel und ich
wollte um Vergebung bitten. Wir gingen hinaus in die
Sommerküche und ich setzte mich auf einen kleinen Stuhl
gegenüber dem Häuschen, wo ich schnell die Achse ausbaute und
das Fahrrad reparierte und dann spürte ich sofort etwas, es war
um 7:30 Uhr morgens. Wir spürten beide eine heiße Brise, die
aus der Richtung der Sommerküche kam. Mein Bruder sagte,
dass sein Gesicht von dieser heißen Luft brennt und wir legten
beide unsere Hände auf das Gesicht.
„Mein Bruder sagte: dass wahrscheinlich etwas im Haus brennen
würde."

„Jon! Wenn im Haus etwas brennen würde, würde es rauchen. Ich glaube nicht, dass etwas brennt."

Um sich davon zu überzeugen, lief mein Bruder ins Haus, um zu sehen, ob etwas brennt.

„Woher kam die heiße Luft am Morgen, als wir im Schatten waren? Woher kommt diese heiße Luft, die unsere Gesichter verbrennt?"

„Sie müsse aus der Hölle kommen, denn jetzt sagst du, du glaubst an die Hölle, du glaubst an den Himmel und du glaubst an Gott", sagte der Bruder. „Und bis jetzt hast du immer gesagt, dass jeder, der darüber spricht, ein Narr ist. Jetzt sagst du, es gibt einen Himmel."

„ Jon! Ich habe das Gefühl, dass das, was mir passiert, ist mich verändert hat und jetzt glaube ich daran und jetzt weiß ich was diese Welle war. Ich sage nicht, dass es ein Schock war, ich sage, es war der Geist Gottes, davon bin ich überzeugt. Jetzt möchte ich die ganze Welt davon überzeugen, denn ich wünsche niemandem, dass er in die Hölle kommt. Mein Wunsch für alle ist, dass er lebt, dass er in den Himmel kommt. Dort, wo Jesus und der lebende Gott wohnt."

Für einen Moment ist mein Bruder auf die Straße gelaufen, um anzuschauen, ob vielleicht bei den Nachbarn etwas brennt. Er ist schnell zurückgekommen und sagte:

„Ich habe überall geschaut, es brennt nirgendwo. Gavril, schau dir dein Gesicht an! Was ist los mit dir, du bist so weiß wie eine weiß gestrichene Wand. Du schaust sehr blass aus. Ich mache mir um dich Sorge."

„Ich weiß nicht wie mein Gesicht aussieht, blass oder nicht, aber jetzt bin ich so müde wie noch nie gewesen."

18

„Tut irgendwo was weh?“, fragte der Bruder.

„Nein, es tut mir nirgendwo weh.“

„Dann leg dich auf die Kindercouch hin und du schläfst ein wenig.“

Meine 4 Jahre alte Tochter ihre Couch war in der Ecke. Ich habe mich auf dem Rücken hingelegt und meine Hände auf meiner Brust gelegt.

Kapitel I/4. - Begegnung mit dem Teufel

In einem Moment habe ich gesehen, dass von der linken Seite
ein großer Mann erscheint, der aus meiner Sicht ungefähr 7 Meter
groß gewesen war. Langes schneeweißes Gesicht hatte, seine
Haare haben so ausgesehen wie der verzinkte Draht, er hatte rote
Augen und rote Zähne, seine Klamotten waren so wie aus Feuer.
Die Klamotten, die er anhatte, waren nicht gewöhnlich, sondern
waren umgeben von einem Feuerwall. Er kam zu mir ans Bett
und hatte seine Hände hinter dem Rücken verschränkt, dann sagte
er meinen Namen.
„Gavril, weißt du, wer ich bin?"
„Nein, weiß ich nicht."
In meinem Leben habe ich noch nie einen so großen Mensch
gesehen. Ich habe meine Frau gerufen, die in der Küche war.
„Florika! Komm bitte rein ins Zimmer. Schau dieser große
Mensch! Ich habe noch nie so einen großen Menschen in meinem
Leben gesehen!"
„Ich bin der Teufel, der Tod und ich komme deinetwegen."
Meine Frau kam ins Zimmer herein und fragte mich:
„Jetzt spielst du mit mir? Was für einen Blödsinn sprichst du da!
Hier sind wir, du und ich, ich sehe keinen anderen."
Als meine Frau zu mir ans Bett kam, stand der Böse mir

gegenüber bei meinen Füßen und beobachtete mich von dort aus und biss seine Zähne zusammen. Mein Bruder nahm ein großes Messer in die Hand und sagte:

„Es ist kein Problem, wenn der Böse da ist. Ich habe ein großes Messer, womit wir Brot schneiden und stoße es ihm rein. Ich werde ihm die Hörner abreißen, nur zeige mir, wo er ist."

„Er steht bei meinen Füßen. Er war neben mir, aber seit Florika da ist, steht er bei meinen Füßen und jetzt, wo du auch da bist, lacht er."

Mein Bruder ist zu meinen Füßen gegangen, um ihn zu finden.

„Gavril! Ich spüre nichts. Ich taste überall mit meinen Händen, aber ich spüre ihn nicht, nur die Luft. Es gibt hier niemanden außer uns." Danach kam mein Bruder zu mir und fragte:

„Siehst du uns?"

Ich habe dann festgestellt, dass ich mit ihnen spreche, aber sehen kann ich sie nicht mehr und dann sagte ich:

„Jon! Ich fühle mich, als würde ich sterben. Jon! Bitte dich, dass du auf meine Frau und meine Kinder aufpasst. Ich muss jetzt sterben, weiß ich nicht warum. Und das, obwohl ich nie jemanden geschlagen und ich noch nie jemandem geschadethabe. Warum muss ich jetzt sterben? Ich habe niemals darüber gedacht, dass ich sterbe. Ich fühlte mich immer groß und stark. Trotz, dass ich ungläubig war, musste ich weinen und ich gab zu, dass ich schuldig bin. Ich musste eingestehen, dass ich der schlechteste Mensch auf der Erde war. Warum muss ich jetzt sterben? Ich bin noch so jung!"

Mein kleiner Bruder versucht, mich zu trösten.

„Mache dir keine Sorge, Gavrilla, aber deine Augen sind abgewandt. Also, von innen nach außen gedreht. Deine Augen sind weiß und nicht so braun, wie sie normal sind. Total weiß und nach außen gedreht. Tun dir die Augen weh?“

„Nein, Jon. Es tut nichts weh, aber ich sterbe gleich. Dieser Mensch kommt meinetwegen und ich muss mit ihm gehen. Ich bitte dich, Jon, dass du auf meine Kinder aufpasst und helfe bitte für meine Frau, die Kinder großzuziehen, weil alle drei ohne Vater aufwachsen müssen. Ich habe zwei Söhne und eine Tochter! Jetzt weine ich, tut mir leid, aber ich kann das nicht zurückhalten, weil ich die vorherigen angsteinflößenden Momente sehe und spüre. Versuche es zu unterdrücken, aber ich kann es leider nicht, weiß nicht, was ich machen soll.“

Ich sehe und höre die gruseligen Momente des Bösen, was mir Angst macht. Das Schlechteste daran ist, dass ich die Liebsten verlassen muss. Das Wissen, dass ich mich von dieser Welt jetzt verabschiede und die Liebsten niemals mehr sehen werde und ich nicht weiß, wohin man geht. So passiert es und ich habe diese Welt verlassen. Ich habe gesehen, aber nicht mit den körperlichen Augen. Ich habe gehört, aber nicht den leiblichen Ohren, und habe Gefühle gehabt und sagte für meine Frau:

„Bitte, verzeihe mir! Obwohl ich dir nicht weh getan oder dich geschlagen habe, weiß ich, dass ich dich mit meinem Trinken und Rauchen und meinem Verhalten dir gegenüber sehr verärgert habe. Ich habe dich nicht immer verstanden und ich wollte dich auch nicht verstehen. Ich habe mich als Herr des Hauses betrachtet.“

Nachdem ich mich bei meiner Frau entschuldigt hatte, begann sie zu weinen.

„Gavrilla, was sagst du da? Warum sagst du, dass du sterben wirst? Du kannst mich nicht mit drei Kindern allein lassen. Du

darfst nicht sterben! Steh auf und gehen wir zum Arzt! Sterbe
nicht!"
„Florika! Ich will nicht sterben. Aber dieser Mensch, den ich vor
mir sehe, den ihr nicht seht, spüre ich, dass er da ist, um mich
wegzubringen. Er ist der Böse, der Tod und kommt mich holen.
Bitte verzeih mir und lass mich dich ein letztes Mal küssen."
Ich habe meine Frau geküsst, meinen Bruder und meine Kinder.
Danach sagte mir der Böse, dass ich ihm folgen soll.

Kapitel II - In der Hölle

Kapitel II/1. - Der Weg in die Hölle

„Komm, folge mir!", sagte der Teufel.

Und wenn er das sagte, spürte ich eine Kraft, die mich aus dem Bett hob. Ohne das jemand Hand an mich legte. Er hob mich aus dem Bett und plötzlich hatte ich das Gefühl, dass ich in eine Art Gefäß gesteckt wurde. Ich hatte das Gefühl, dass ich gegen meinen Willen in ein Gefäß gesteckt wurde. Unmittelbar danach befand ich mich in einer dunklen Welt in einem starren und schwarzen Körper. Mein Körper war nicht wie der Körper des Teufels. Der Körper des Teufels war weiß wie Schnee. Sein Haar war wie Draht, er hatte rote Augen, rote Zähne und feurige Kleidung. Seine Augen waren sehr hässlich und rau. Als mein Bruder sagte, er wolle ihm das Messer in den Leib stechen, brauchte er mich nur, um ihm zu zeigen, wo er war und er würde ihm die Hörner abreißen. Mein Bruder hatte das Messer, wie er sagte, aber er hat ihn nicht gesehen. Sie kamen zu mir, wie sie es versprochen hatten, aber ich sah weder meinen Bruder noch meine Frau oder meine Kinder. Ich habe alle geküsst, aber wenn er sagte, dass ich ihm folgen soll, habe ich meine Liebsten nicht mehr gehört und nicht mehr gespürt. Ich war völlig losgelöst von Ihnen. Man konnte nicht nein sagen und konnte dem Ruf nicht widerstehen. Ich konnte nicht mehr was sagen, weder ja noch nein, es war unmöglich. Die Energie, die mich aus dem Bett geholt hat, ist wie ein starker Wind, er hob mich gegen meinen Willen hoch und schob mich vorwärts und ich musste mich bewegen. So habe ich mich damals gefühlt, diese Kraft, diese starke Luft, hat mich hochgehoben und mich in einen schwarzen, starren Körper versetzt. Man konnte nichts dagegen tun. Ich konnte mich nicht wehren und glaube, dass man gegen diese Kraft nicht ankommt. Automatisch bin ich in einer dunklen Welt angekommen und hatte diesen schwarzen, starren Körper. Dem Teufel folgte ich zu einem Tunnel. Bevor wir den Tunnel erreichten, war ich sehr erschrocken. Auf dem Weg zum Tunnel mit dem Teufel gingen wir einen Weg entlang, der mit spitzen, geschliffenen Steinen gesäumt war. Als ich flatterte, hatte ich Angst, Steine in meine Füße zu bekommen. Ich versuchte, zwischen die Steine zu treten. Schließlich erreichten wir den Tunnel, der etwa 100 Meter lang gewesen sein muss.

Am Ende des Tunnels sah ich eine Welt, eine Welt, die in Flammen stand. Alles war in Flammen. Es gab riesige Flammen und es sah aus, als kämen die Flammen aus dem Boden. Die ganze Welt schien viel niedriger zu sein als der Tunnel. Der Tunnel war gerade und, wie zuvor erwähnt, etwa 100 Meter lang und es sah so aus, als läge der Ort ein paar Meter tiefer als der Tunnel. An diesem Ort sah ich Tausende Dämonen, die die Engel des Teufels sind. Sie alle kamen mit erhobenen Händen auf den Eingang des Tunnels zu. Jeder von ihnen rief nach Wasser und Hilfe. Dann überlegte ich, wie ich das Feuer löschen und fragte den Teufel, wo ich Wasser finden könnte.

„Wo finde ich Wasser, einen Eimer oder Wasserschlauch?",
fragte ich.

Ich ging in diese dunkle Welt, aber ich verstand nicht, was dort war. Am Ende des Tunnels sah ich eine Frau, ich erkannte sie, aber ich konnte mich nicht erinnern, woher sie kam. Dann wurde mir klar, dass die Frau aus dem Dorf meiner Frau stammte. Ich fragte sie:

„Was los sei? Was ist hier? Wo bin ich?"

„Dies ist die Welt der Hölle. Das ist die wahre Hölle, die für mich und für Menschen wie dich vorbereitet ist."

Ohne ihr etwas zu sagen, dachte ich: Nun, mir nicht, denn ich

habe noch nie jemandem etwas angetan. Ich habe nie jemanden geschlagen, nie ein Haus angezündet. Ich kann nicht glauben, dass alles für mich vorbereitet ist. Dann fragte ich den Teufel:
„Wo finde ich einen Wasserhahn, Wasserschlauch und Eimer, um das Feuer zu lösen?"
Ich wollte den Menschen dort helfen und sie retten. Aber der Teufel sagte:
„Es gäbe hier kein Wasser, keinen Eimer oder Wasserschlauch. Du kannst das Feuer nicht löschen. Hier gibt es nur Feuer und ewiges Leid und da dieser Ort wie für dich geschaffen ist, musst du hereinkommen!"
Dann habe ich mich ihm widersetzt:
„Nein! Ich komme nicht rein!"
Währenddessen ging ich dabei 2 bis 3 Schritte zurück. Dann erhob ich meine Augen zum Himmel und begann zu beten, zum ersten Mal in meinem Leben habe ich zu Gott gebetet und zu ihm gesagt.

Kapitel II/3. - Gebet zu Gott

„Gott, wenn es dich wirklich gibt, bitte vergib mir und erlöse
mich von diesem schrecklichen Höllenfeuer. Wenn du mir mein
Leben zurückgibst, werde ich allen erzählen, dass es dich gibt
und ich werde jeden deiner Wünsche erfüllen."
Dann erschien zwischen dem Teufel und mir ein Arm in einem
weißen Kleid von den Schultern abwärts und zeigte mit einem
Finger auf mich. Ich war überzeugt, dass die Hand Jesu war, denn
nur er konnte dem Teufel befehlen.
„Siehst du nicht, dass er so viel Glauben hat wie ein Senfkorn?"
Dieser Hand, mit weißem Gewand, sagte er:
„Siehst du nicht?"
„Du hast keine Macht über ihn!", sagte er zu dem Teufel. Engel
begleite ihn in den Himmel, dann verschwand die Hand und zwei
Engel erschienen neben mir. Sie waren ungefähr so groß wie ich.
Einer kam von links und packte meine linke Hand, der andere
kam von rechts und packte meine rechte Hand. Einer der Engel
sprach zu mir und sagte:
„Weil du an nichts glauben wolltest, habe Gott beschlossen, dass
du heute etwas sehen wirst, was du noch nie gesehen hast und
etwas hören wirst, was du noch nie gehört hast. Jetzt komm und
habe keine Angst, jetzt wirst du dich von diesem schwarzen und
steifen Körper lösen."

In diesem Moment spürte ich eine Freude, die mich durchdrang, und ich begann zu wachsen. Ich spürte, wie mein Körper wuchs. Die Engel brachten mich aus diesem dunklen und schrecklichen Tunnel heraus.

Nachdem ich zwei oder drei Schritte gemacht hatte, spürte ich, wie ich in den Boden versank. Es war ein interessantes Gefühl. Ich spürte, wie ich nach unten ging, und plötzlich befand ich mich in einem Grab. Neben dem Grab standen alle meine Freunde und Freundinnen, mit denen ich in meiner Jugend zusammen war. Ich liebte das Leben und ich tanzte gerne. Ich habe immer gesagt, dass ich nur ein Leben habe und es für mich selbst leben will.

„Das ist das Leben hier, mein Freund!"

Habe ich damals immer gesagt.

„Ich glaube nicht, dass es ein anderes Leben gibt, von dem manche Leute reden. Solange ich also hier bin, will ich leben!"

In einem bestimmten Moment, als ich mir die Leute ansah, die an der Grube standen, wollte ich meinen Freundinnen und Freunden sagen, dass sie nicht lachen sollen, weil sie alle hier enden werden. Aber ich konnte nichts sagen, ich dachte nur bei mir. Dann sagte ich in Gedanken zu Gott. Weil ich in meinem Geist wusste, dass es einen Gott gibt, dachte ich dankbar, dass du mich vor dem schrecklichen Höllenfeuer bewahrt hast. Bitte hol mich auch aus dieser Grube heraus, denn ich lebe noch. Lass nicht zu, dass meine Freunde und die Freunde meiner Freunde mich begraben, denn ich bin am Leben. Wenn du mich aus der Hölle befreit hast, dann befreie mich auch von hier. Dann spürte ich, dass mein Körper voller Fäden war und diese Fäden aus mir herausgezogen wurden. Ich konnte spüren, wie es von den Fingern und Zehen meiner Arme und Beine zog. Ich konnte es am ganzen Körper spüren, wie es diese Stränge aus mir herauszog. Dann spürte ich, wie die Kraft mich durch meinen Mund verließ. Plötzlich fand ich mich neben der Grube in einem Körper wieder, der durchsichtig wie Glas und farbenfroh war. Ich sah den schwarzen und steifen Körper in der Grabgrube. Ich sah, dass es einmal mein Körper war. Mein alter Körper.

Kapitel II/5. - Der durchsichtige Körper

„Was ist das für ein Körper, weich und durchsichtig und nicht so
steif und hart wie dieser schwarze?"
Dieser neue Körper ist bunt, alle Farben, die wir kennen, das war
mein neuer Körper. Rot, Gelb, Grün, Blau und all ihre Mischtöne.
Dann, als ich nach links blickte, sah ich ein riesiges Tor, das
genau die Farbe meines Körpers hatte. Es war ein riesiges Tor in
allen Schattierungen von Farben. Ich schaute dann in die Grube
und betrachtete erstaunt meinen alten Körper. Der Engel zu
meiner Rechten sagte dann:
„Das passiert jedem, der stirbt."
Ich wusste, dass es mein Körper war. Aber ich hatte schon einen
anderen Körper, den schönen durchsichtigen. Jetzt war es mein
Körper. Dann sagte der Engel erneut:
„Das passiert mit jedem, der stirbt. Der alte Körper verrottet in
der Erde und bekommt einen Körper wie unseren oder einen
Körper wie den, den du in der Hölle hattest und die, die dort sind.
Sie haben einen dämonischen Körper, schwarz und steif. Du
hingegen hast jetzt einen Gast oder Besucherkörper. Dein
schwarzer Körper gibt dir einen Einblick in die Hölle und dein
Besuchskörper gibt dir einen Einblick in den Himmel. Nun komm
mit uns, du brauchst keine Angst zu haben. Du kannst ein kleines

Stück des Himmels sehen.“

Wir machten uns auf den Weg zu dem großen Tor, das sich vor uns öffnete. Als wir mit den Engeln, die meine Begleiter waren, an der Pforte ankamen, überkam mich in diesem Moment die Angst. Ich sagte:

„Wie kann ich dort hineingehen, in diesen strahlenden Glanz?“

In der Glückseligkeit, die ich vom Tor aus sah.

„Wie könnte ich sie betreten?“

Ich bin nicht würdig. Die Engel nahmen meine Hand und sagten:

„Komm, habe keine Angst.“

Sie wussten, sie sahen und spürten, dass ich Angst hatte.

„Komm, habe keine Angst.“

Als ich die Schwelle überschritt, spürte ich die Schritte nicht wie in meinem alten Körper in der Hölle oder in Fleisch und Blut. Ich konnte das Material unter meinen Füßen nicht spüren. Es war, als würde ich auf die Luft laufen. Wie Fleisch in einem Körper aus Blut, der meine Arme und Hände in der Luft bewegt. Wie eine schwebende Bewegung auf den Beinen spürte ich keinen materiellen Körper, keine Schwerkraft. Diese Leichtigkeit, dieses Schweben, waren wie nichts anderes. Das Glück, das ich damals empfand, lässt sich nicht in menschliche Worte fassen. Der Ort war genau so, wie ihn die Bibel beschreibt.

Kapitel III - Der Himmel

Wie es kein menschliches Auge gesehen, kein menschliches Ohr gehört und kein menschliches Herz erdacht hat. Als ich neugierig in diesen unermesslichen Glanz, diese unermessliche Schönheit eintrat, wollte ich hören und sehen, wie es im Reich Gottes ist. Ich habe nur einen kleinen Teil des Himmels gesehen, nicht den ganzen Himmel. Wenn ich den Körper der Ewigkeit bekomme und dorthin zurückkehre, dann werde ich den ganzen Himmel sehen. Erst, wenn ich ewig bin. Dieses Mal war ich dort nur zu Gast. Ich habe nach links und nach rechts geschaut und überall sah ich Blumenparks. Mit noch schöneren Blumen, so weit das Auge reichte. Blumen, die es auf der Erde gar nicht gibt. Zu den Blumen gehörten Bäume mit einer Höhe von 3 bis 100 Metern. Alle Bäume waren mit bunten Blumen bedeckt. Das gesamte Laub der Bäume war mit bunten Blumen bedeckt. Ich schaute mir den höchsten Baum an, der etwa 100 Meter hoch war. Dann fragte mich einer der Engel.

„Weißt du, was diese Bäume darstellen?"

„Ich weiß es nicht."

 Inzwischen war mein irdischer Körper im Krankenhaus. Ich lag auf dem Operationstisch, aber sie haben mich nicht geschlagen. Sie gaben mir Injektionen und versuchten mit allen Mitteln, mich wiederzubeleben. Denn als meine Familie zu Hause sah, was mir

passiert war, brachten sie mich ins Krankenhaus nach Szilágy-
Somlyó zu Doktor Puskás. Die Engel fragten mich wieder:
„Weißt du, was diese Bäume bedeuten?"
„Ich weiß es nicht."
„Wir lebten einst als Menschen wie du auf der Erde, und wuchsen
in der Erkenntnis Gottes, so wuchs der Baum unseres ewigen
Lebens. Jeder einzelne Mensch erhält von Gott ein Geschenk der
Gnade. Jeder Mensch kann aus freiem Willen entscheiden, ob er
Gott oder dem Teufel dienen will. Er betet zu Gott oder zum
Teufel, denn!"

„Niemand kann zwei Herren dienen: entweder er wird den einen
hassen und den anderen lieben oder er wird den einen anhängen
und den anderen verachten. Ihr könnt nicht Gott dienen und dem
Mammon."
     Bibel Matthäus 6:24

Da sprachen die Engel:
„Kommt, lasst uns in das Himmelreich eintreten, in den Palast
des Himmels."
Und dann schaute ich hinauf in den Himmel und ich sah nicht den
blauen Himmel wie auf Erden, sondern ich sah überall
Sonnenschein. Obwohl die Sonne überall schien, konnte ich alles
sehr deutlich sehen, denn ich sah nicht mit meinen irdischen
Augen. Wenn wir mit unseren irdischen Augen, die weiß und hell
sind, in die Sonne schauen, fangen meine Augen an zu tränen und
ich muss meinen Blick abwenden. Aber im Himmel sah ich alles
klar und deutlich in dem hellen Licht. Es ist so schön dort, dass
menschliche Worte es nicht ausdrücken können. Ich möchte so

gerne dieses Leuchten, dieses Strahlen, das ich dort erlebt habe, in Worte fassen. Die ganze Zeit habe ich mich gefragt, wie alles, was sichtbar ist, so hell leuchten kann. Alles leuchtete, aber man konnte alles klar und deutlich sehen. Während ich hier auf der Erde kaum eine Glühbirne oder die Sonne sehen kann, konnte ich dort alles klar sehen. Dorthin möchte ich zurückkehren. Ich weiß, dass ich auf der Erde geboren wurde, aber ich habe immer das Gefühl, dass ich von dort komme, dass es meine Heimat ist und nicht die Erde. Herrlichkeit für Gott für alles, was er für die Menschen hier auf der Erde tut. An einem Punkt schaute ich in die Ferne und sah alles klar und deutlich, anders als hier auf der Erde. Wenn man hier in die Ferne schaut, scheint es, als ob nach ein paar Kilometern die Welt und der Himmel zu Ende sind. Aber dort im Himmel ist das nicht so. Dort ist alles klar und scharf und alles ist schön. Als ich in die Ferne schaute, sah ich diese Klarheit, diese reine Atmosphäre. Es schien, als ob alle Farben in der Luft tanzen würden. Alle Farben, die es gibt, waren in der Luft, sogar Farben, die wir hier auf der Erde nicht kennen. Trotz des Glitzers konnte ich alles klar und deutlich sehen. Ich habe mich gefragt, wo hier der Horizont ist, aber im Himmel gibt es keinen Horizont wie hier auf der Erde. Im Himmel ist alles klar und deutlich sichtbar bis ins Unendliche ohne Horizont. Aber, als ich nach unten schaute, sah ich drei Wege. Der eine in der Mitte war weiß und die beiden anderen waren gelb. Ich habe mich gefragt, wo hier der Horizont ist, aber im Himmel gibt es keinen Horizont wie hier auf der Erde. Wenn du hier auf der Erde nach unten schaust, siehst du, dass es Materie gibt, Erde unter dir, die dich daran hindert, weiterzusehen. Im Himmel kannst du sowohl nach unten als auch nach oben schauen und alles sehen. Ich

möchte es so sagen, dass jeder versteht, dass es keine Grenzen
gibt, weder nach oben noch nach unten, weder rechts noch links.
Überall, wo man hinschaut, sieht man alles ohne feste Materie.
Der Horizont ist unendlich. Man kann dort nicht das Ende der
Straße sehen wie hier. Hier auf der Erde gibt es überall, wohin
man schaut, einen Horizont, an dem die Sicht endet. Im Himmel
ist der Horizont endlos. Als ich all diese leuchtenden Farben sah,
dachte ich, wie gut es ist, hier zu sein, wie glücklich ich mich
fühle. Wie schön ist das Himmelreich, ich möchte diesen Ort nie
wieder verlassen. Ich weiß, dass ich auf der Erde geboren und
aufgewachsen bin, aber ich fühle mich hier auf der Erde trotzdem
wie ein Fremder.

„Waren die Engel die ganze Zeit über bei dir?"

„Ja, sie waren beide bei mir und haben meine Hand gehalten."

„Haben sie mit dir gesprochen?"

„Ja, wie ich schon sagte."

„Hast du mit Ihnen auf Rumänisch gesprochen?"

„Ja, das habe ich und Sie haben mich gefragt und die meisten
Fragen gestellt."

„Was haben Sie dich gefragt?"

„Sie haben mich zum Beispiel gefragt, ob ich wüsste, was die
Bäume um uns herum darstellen. Ich sagte nein und man sagte
mir, was ich bereits gesagt hatte."

Dann sagte der Engel:

„Wir lebten auf der Erde als Menschen, so wie ihr jetzt und so
wie wir in der Erkenntnis Gottes wuchsen, so wuchs der Baum
unseres ewigen Lebens an diesem Ort. Sie sagten, dass jeder
Mensch hier einen Baum hat, jeder Mensch empfängt
Gnadengaben von Gott und wir entscheiden, wie wir sie nutzen.

Wir stellen sie in den Dienst Gottes oder in den Dienst des Bösen.
Als Ergebnis dieser Entscheidung wachsen die Bäume unseres
Lebens an diesem Ort, denn jeder von uns hat dort einen Baum."
Dann sprach einer der Engel:
„Und nun betreten wir den Himmelspalast."

Der Palast war riesig und sowohl innen als auch außen mit
Blumen bedeckt. Ich habe dort keine Ziegel oder Steinmauern
gesehen, obwohl ich sie mir sehr genau angesehen habe, denn das
ist mein Beruf, Häuser zu bauen, und das hat mich noch mehr
interessiert. Innen und außen habe ich nur Blumen gesehen.
Wunderbare Blumen. Als ich die Eingangshalle des Palastes
betrat, sah ich auf der linken Seite ein Fenster, so bunt wie das
Eingangstor. Auf der rechten Seite sah ich viele weiße Türen,
einzelne weiße Türen nebeneinander. Dann fragte ich die Engel,
denn ich war neugierig:
„Wie kommt es, dass auf der linken Seite Fenster in Farben sind,
wie das Eingangstor mit allen Farben, die es gibt? Wie das, das
ich auf meinem Körper gesehen habe?"
Ich empfand es als interessant, dass die linke Seite ganz anders
aussieht als die rechte Seite. Ich fragte mich, was sich hinter der
Tür befand.
„Was ist hinter der Tür?"
„Dort werden deine schlechten Taten aufgezeichnet", sagte der
Engel.
In diesem Moment war ich sehr erschrocken, aber ich sagte nichts
zu den Engeln. Ich stellte keine Fragen, ich dachte nur an mich
selbst und wusste, dass ich hierher gebracht worden war, um

mich mit meinen Taten zu konfrontieren. Ich stellte keine Fragen, ich dachte nur vor mich hin und wusste, dass ich hierher gebracht worden war, um mich mit meinen Taten auseinanderzusetzen. Während die Gedanken in meinem Kopf herumwirbelten, musste ich mir eingestehen, dass ich nicht würdig war an diesem wunderbaren Ort zu sein. Ich fürchtete, ich würde in die Hölle zurückgebracht werden. Die Engel hörten meine Gedanken und sagten:

„Es ist nicht das, was du denkst."

Sie wussten, was ich meinte. Die Wahrheit ist, dass die Engel wissen, was wir denken, genau wie Gott und der Herr Jesus Christus. Sie sagten:

„Alle deine schlechten Taten hier aufgezeichnet sind, ohne Ausnahme. Aber hinter der Tür gegenüber ist der Anteil von dir und deiner Familie."

„Welche Familie? Wer lästert und flucht im Namen Gottes? Sie sind nicht meine Familie. Leider habe ich Verwandte, die lästern und fluchen. Die Verwandten, die sich bekehrt haben und sich danach bekehren werden, werden mit mir dort sein. Sie sind meine Verwandten, meine Brüder und Schwestern und mehr als das, sie sind Kinder Gottes."

„Haben die Engel dir das gesagt?"

„Ja, das haben sie."

 Dann öffnete sich die Tür gegenüber und ich ging in mein Quartier, denn wie die Engel sagten. Dieser Ort ist für meine Familienmitglieder und mich reserviert. Als ich eintrat, sah ich zwei Betten und einen Tisch. Auf dem Tisch stand eine kleine Vase mit einem kleinen Baum darin. Das Bäumchen war etwa 30 – 40 cm groß.

„So sehr sind deine guten Taten gewachsen", sagte der Engel. Ich freute mich sehr darüber, ich freute mich über dieses Bäumchen und ich sage oft, dass der kleinste Baum mir gehören sollte, aber dieser sollte da sein. Mein Vater lag auf dem linken oberen Bett und meine Mutter auf dem rechten oberen Bett. Ich wollte mit meinem Vater sprechen, aber die Engel sagten: „Lass ihn ruhen. Du kannst nicht mit ihm reden. Also habe ich ihn in das andere Bett zu meiner Mutter gelegt." Ich fragte: „Was tust du hier, Mutter?"

„Ich bin gekommen, um dich zu sehen, aber vor allem dich, weil du heute wiedergeboren wirst."

„Warte mal, Gavril, deine Mutter lebt doch, oder?"

„Aber ja, sie lebt noch und ist auf der Erde."

„Sie ist kein Atheist?

„Nein, sie glaubt an Gott. Sie betet immer sehr viel für mich, um mich davon zu überzeugen, an ihn zu glauben."

Dann, als Baby, sah ich mich in den Armen meiner Mutter und sagte zu ihr.

„Mutter, ich kann laufen, lass mich runter, denn ich kann selbst laufen!"

„Ich lasse dich gehen, aber pass auf, dass du nicht fällst."

„Was sagst du da? Warum sollte ich fallen?"

„Ich meine mein Sohn, pass auf, dass du nicht in den Unglauben fällst, dass du nicht ungläubig bist."

„Das hat meine Mutter gesagt und das haben die Engel gesagt, als wir uns an den Toren des Himmels voneinander verabschiedeten, als ich herauskam." Dann küsste mich meine Mutter auf die Wange und ließ mich von ihrem Schoß aufstehen. Sie hatte sich bereits bekehrt und war da, weil sie mich wiedergeboren und bekehrt sehen wollte, gestärkt in meinem Glauben an Gott. Denn ohne Wiedergeburt kann niemand das Reich Gottes betreten. Jeder muss durch den Heiligen Geist Gottes wiedergeboren werden.

„Wenn jemand nicht von Neuem geboren wird, so kann er das Reich Gottes nicht sehen."

Luther Bibel Johannes 3 : 3

„Wenn jemand nicht geboren wird aus Wasser und Geist, so kann er nicht in das Reich Gottes kommen. Was aus dem Fleisch geboren ist, das ist Fleisch, und was aus dem Geist geboren ist, das ist Geist."

Luther Bibel Johannes 3 : 5. 6.

Denn alle, die nicht wiedergeboren sind, dienen dem Bösen, ohne es zu wissen. Gott will, dass alle Menschen wiedergeboren, getauft werden und sich von ihren Sünden bekehren, so wie ich mich bekehrt habe, und dass Sie dann Gott mit ihrem Leben verherrlichen. Loben Sie nicht das Böse, sondern beten Sie zu Gott.

Dann verließen meine Mutter und mein Vater den Raum und ich sah, wie ich aus einem Babykörper wuchs und größer wurde. Inzwischen hatte ich die gleiche Statur, die gleiche Größe und den gleichen glänzenden Körper. Mein Körper glänzte nicht nur, er war auch voluminös und etwa 3 Meter lang. Ich sah meine

44

Mutter und meinen Vater verschwinden. Ich fragte den Engel:
„Wo sind meine Mutter und mein Vater hin?"
„Dein Vater singt im Chor der Engel, komm und sieh es dir an.
Deine Mutter ist dorthin zurückgegangen, wo sie hergekommen
ist."
„Meine Mutter ist also hier in dieser Welt und lebt. Mein Vater
ist vor langer Zeit im Krieg gefallen, aber ich habe ihn im
Himmel lebend gesehen."
„Dein Vater singt im Chor", sagte der Engel.
„Komm und sieh!"
Dann bat ich die Engel, zu meiner Frau zu gehen und ihr zu
sagen, dass sie nicht weinen soll, weil es mir gut geht. Ich wusste
nicht, ob meine Frau weinte oder nicht, denn ich dachte, sie sei
sehr traurig. An diesem Ort wiederholte ich immer wieder, wie
gut es war, hier zu sein, und wie schön alles war.
„Ich will hier nie wieder weg. Ich fühle mich hier wohl."
„So Gott will, wirst du hierher zurückkommen. Es war Gottes
Wille für deine Familie für die, die gerettet werden wollen."
sagten die Engel.
Es ist nicht mehr an der Zeit für mich, dort zu leben, gepriesen sei
sein Name.
Ich habe permanent Rumänisch mit den Engeln gesprochen. Ich
sagte es den Engeln noch einmal:
„Bitte sagen Sie meiner Frau, dass sie nicht weinen soll. Sagt
meinen Kindern, meinen Brüdern und Schwestern, und all
meinen Lieben hierherzukommen und zu sehen, was für einen
schönen Ort Sie mir beschert haben."

Kapitel III/3. - Im Krankenhaus

Während dieser ganzen Zeit lag mein Körper auf dem Tisch in Szilagysomlyó bei Dr. Puskás. Insgesamt war ich von fünf Ärzten auf der Liege umgeben, plus Assistenten und Krankenschwestern. Neben Dr. Puskás waren es also noch vier weitere Ärzte, die mich für tot erklärten. Dann begann ich zu murmeln, und der Arzt fragte meine Frau:

„Verstehen Sie, was Ihr Mann sagt?"

„Ich verstehe es nicht, weil er Ungarisch spricht. Die Kinder sprechen Ungarisch."

„Mein Bruder spricht Ungarisch, er hat verstanden, was ich gesagt habe."

„Er sagt, geh und sieh Dir an, was für einen schönen Ort er hat." Meine Frau spricht kein Ungarisch, aber mein Bruder schon, er hat es verstanden, was ich gesagt habe.

„Moment mal, Du lagst auf dem OP-Tisch und hast angefangen zu sprechen?"

„Ja, ich liege auf dem OP-Tisch und habe angefangen, Ungarisch zu sprechen, nachdem sie mich für tot erklärt hatten."

 Dr. Puskás hat zu meiner Frau gesagt:

„Sie sollen keine Angst haben, ich werde ihn aufwecken."

Eine Mundsperre wurde zwischen meinen Zähnen platziert und eine Art Flüssigkeit wurde mir durch einen Schlauch eingeflößt.

Ich weiß nicht, was für eine Flüssigkeit das war. Aber ich wusste, sie wollten mich wiederbeleben. Die Ärzte stellten mit ihren Instrumenten fest, dass ich keinen Puls hatte, weder in der Brust noch im Handgelenk.

„Der klinische Tod ist also eingetreten?"

„Ja! Nachdem Sie versucht hatten, mich mit verschiedenen Flüssigkeiten und Injektionen wiederzubeleben. All das ließ meinen Körper blau anlaufen und steif werden. Dann zogen sie mich aus und steckten mich in einen Krankenhauskittel. Die Art von Kleidung, die man den Toten anzieht, bevor man sie zur Autopsie bringt."

„Es wurde also gemacht, um in die Leichenhalle gebracht zu werden?"

„Ja, und sie nahmen mich vom OP-Tisch und legten mich auf eine Bahre für die Autopsie. Mein Bruder nahm eine Ecke der Bahre und trug mich in die Leichenhalle."

„Sie wurden also für tot erklärt?"

„Ja, und die Ärzte sagten, es sei ein klinischer Tod. Ich weiß nicht, welche Art von Tod es war, und auch wenn sie mich zerstückelten, hätte ich nichts gespürt. Ich konnte es mit keinem meiner körperlichen Sinne spüren, es nicht hören, nicht fühlen und mit meinen leiblichen Augen sehen und ich spürte nichts mit meinem Körper aus Fleisch und Blut."

„Aber Du hast gesprochen, Du hast etwas auf Ungarisch gesagt, nicht wahr?"

„Ja, aber an dem Ort, an dem ich war, habe ich Rumänisch gesprochen. An dem Ort, von dem die Engel sagten, er sei für mich reserviert. Warum ich auf dem Operationstisch im Krankenhaus Ungarisch gesprochen habe, weiß ich nicht."

Wahrscheinlich konnten die Ärzte nicht hören, was ich zu den Engeln da oben sagte. Ich bin mir absolut sicher, dass sie mich nicht hören konnten. Sie haben meine Frau immer wieder gefragt, ob sie verstanden hat, was ich gesagt habe. Aber meine Frau hat gesagt, dass sie es nicht verstanden hat. Meine Frau hat nur ein Wort verstanden, dass es schön ist, wie schön es hier ist. Ich wollte, dass sie sieht, wie schön es bei mir ist und nicht nur sie, sondern alle, die ich liebe, sollen sehen, wo ich bin. Das war mein Wunsch. Ich spreche Ungarisch seit meiner Kindheit. Ich weiß nicht, warum oder wieso ich im Krankenhaus angefangen habe, Ungarisch zu sprechen, denn ich habe immer nur Rumänisch gesprochen. Weiß ich nicht, warum das so war. Aber Gott weiß es. Ich bin glücklich und Gott dankbar für alles, was er getan hat und tun wird.

„Kommt und seht, wie die Engel im Chor singen", sagten die
Engel. Ich ging auf den Korridor hinaus und das erste Fenster auf
der rechten Seite öffnete sich, und etwa 50 oder 60 Meter entfernt
sah ich einen großen Hügel.
Der Hügel war mit leuchtend grünem Gras bedeckt und war
voller Engel, und ihnen gegenübersah ich einem besonderen
Engel, der etwa einen Meter größer war als die anderen. Ich war
neugierig und fragte die Engel, die bei mir waren, wer den
anderen Engeln gegenüberstand.
„Wer ist der größere Engel?"
„Er ist Jesus Christus, der für dich und für alle, die auf der Erde
gesündigt haben, gestorben ist."
„Ja, ich erkenne ihn, weil ich ihn schon fünfmal im Traum
gesehen habe. Vor einigen Jahren er sagte mir, ich solle Buße tun.
Geh und hilf ihm, den Tisch für diejenigen zu decken, die Gott
erlöst hat. Ich sagte ihm, dass ich niemals konvertieren würde,
dass ich lieber sterben würde, als zu konvertieren. In diesem
Traum verließ ich ihn, er war Jesus Christus. Ich hatte ihn schon
fünfmal gesehen."
„Er ist Jesus Christus, sagten die Engel neben mir, der für dich
und für alle sündigen Menschen gestorben ist."
Ich hörte die Engel im Chor singen. Jeder der Engel, die links von

mir standen, hatte ein Instrument in der Hand. Eine Posaune, eine Geige, eine Mundharmonika und viele andere. Ich glaube, es gibt nicht so viele Instrumente auf der Erde, wie ich im Himmel gesehen habe, wie es im Himmel ist. Aber, die Engel zur Rechten Jesu waren ohne Instrumente und sangen. Sie sangen ein schönes Lied, das ich noch nie gehört hatte.

„Bald werden wir zusammen sein, an einem wunderschönen Ort, an dem es nur Glück gibt."

„Was glaubst du, Gavril, warum sie das gesungen haben?"
„Weil nicht mehr viel Zeit bleibt."
Nachdem sie mit dem Singen fertig geworden sind, schaute ich mich um, um zu sehen, ob ich meinen Vater und meine Schwester sehen konnte. Meine Schwester ist gestorben, als sie 17 war, aber ich habe sie nicht erkannt. Sie waren sich so ähnlich, die gleiche Größe, die gleiche Statur, das gleiche Gesicht. Sie sahen alle wie Jesus aus. Ihre Gesichter und Hände waren leicht gelb und leuchteten. Sie hatten keine weißen Kleider wie der Teufel. Der Teufel war weiß, aber nicht leuchtend. So waren die Gesichter der Engel blassgelb und leuchtend. Sie waren alle schön.
„Kannst du sie unterscheiden?"
„Ja, du konntest sie auseinanderhalten. Du könntest sie an ihren Gesichtern unterscheiden. Aber ihre Kleider waren alle weiß und nicht feuerrot wie die des Teufels."
Die Engel und Jesus hatten weiße Kleider und ihr Haar war ganz weiß. Wenn sie sich auf die Seite drehten, verschmolzen ihre Haare mit ihrer Kleidung und sie hatten keine Flügel. Viele Leute

50

fragten, ob sie Flügel hätten. Ich weiß nur, dass meine Mutter in ihren Träumen Engel mit Flügeln gesehen hat. Aber ich habe keine Flügel gesehen. Ich habe sie von hinten gesehen, aber ich sah keine Flügel. Ihre Kleidung war von Kopf bis Fuß weiß. Weißes Haar und, nach wie vor, leicht gelblich leuchtende Gesichter.

„Aber die, die da waren, konnte man die unterscheiden?"

„Jede von ihnen hat ihre eigene Besonderheit, die einzigartig ist. Ihre Gesichter waren rund."

„Kannst du Sie unterscheiden?"

„Nein, für mich waren sie alle gleich. Sie waren nicht anders als die anderen. Ich habe sie aufmerksam beobachtet, weil ich auf der Suche nach meinem Vater war. Aber ich erkannte weder meinen Vater noch meine Schwester, sosehr ich auch suchte. Sie waren sich so ähnlich, sie sahen genau gleich aus."

„Konntest du die Männer von den Frauen unterscheiden?"

„Ganz und gar nicht. Es gab keine Frauen und keine Männer. Sie waren alle gleich, ohne Geschlechtsunterschiede."

Als sie mit ihrem Gesang fertig waren, sagten die beiden Engel neben mir:

„Verabschiede dich vom Engelschor und komm, wir zeigen dir deine Taten."

„Da hatte ich große Angst. Einerseits dachte ich, dass sich jetzt herausstellen würde, dass ich nicht würdig war, hier zu sein. Ich hatte solche Angst, in die Hölle zurückgebracht zu werden."

„Hab keine Angst, sagten mir die Engel und hoben mich an den Händen hoch. Habe keine Angst, sagten sie wieder. Komm und sieh, was du getan hast."

Zu diesem Zeitpunkt waren alle weißen Türen offen. Ich weiß nicht warum, aber vom 17. bis zum 34. Lebensjahr musste ich alle meine schlechten Taten sehen. Genau wie die Bibel sagt, wirst du alles sehen, was du getan hast.

„Du wirst hören, was du gesagt hast."

„Aber wann?"

„Am Tag des Urteils!"

Erst wenn die Seele den Körper verlässt, wird sie mit ihren Handlungen und deren Auswirkungen konfrontiert. Sonst hätte Jesus nicht das Gleichnis vom reichen und dem armen Mann erzählt. Aber lasst uns nicht vom Thema abschweifen. Ich ging also an jeder dieser Türen vorbei und sah mich selbst mit 17 Jahren in Petrozhin im Gästehaus. Als wir unseren Abschluss in Lupen machten, wurde ich nach Petrozhin versetzt. Dort hatte der Ingenieur Geburtstag und wir gingen gemeinsam in das Gästehaus. Ich sah uns Rumänen dort an einem separaten Tisch Volkslieder singen. An einem anderen Tisch sangen die Ungarn ungarische Volkslieder. Die Ungarn wollten uns verbieten, auf Rumänisch zu singen, weil sie sagten, dass Siebenbürgen* ihnen gehören und wir dort auf Ungarisch sprechen und singen sollten. Und wir können dort nicht tun, was wir wollen. Dann kam es zu einer Schlägerei, an der ich mich nicht beteiligen wollte, also verließ ich das Gästehaus und lief weg. Ich sah alles genau so, wie es dort im Himmel geschah, während ich auf der Erde für tot erklärt wurde und mein Körper im Leichenschauhaus im Keller lag. Ich habe es auch genau gesehen, als wir im Gästehaus in Timisoara waren. Auch dort passierte das Gleiche, aber anstatt mich in den Kampf einzumischen, kam ich heraus und lief weg. Ich habe alles genau so gesehen, wie es passiert ist. Während der Zeit, in der ich für tot erklärt wurde, waren die Ereignisse meiner Vergangenheit hinter den Türen. Im Gästehaus in Timisoara und in Parba, als ich auf der Hochzeit war. Alle Orte, an denen ich gehandelt habe, an denen ich mich verteidigt habe, sind vor mir erschienen. Ich habe mich an all diesen Orten wiedergesehen. Nachdem ich jede Tür passiert hatte, sagten die Engel:

„Jetzt treten wir vor Gott."

Ich weiß nicht, ob Sie sich vorstellen können, wie verängstigt ich in diesem Moment war. Nachdem ich alle meine Taten gesehen hatte, hatte ich nicht den Mut, vor Gott zu treten. Dann sagte ich zu den Engeln:

„Wie könnte ich zu Gott gehen?"

Die Engel ermutigten mich und sagten:

„Habe keine Angst! Gott wird dir deinen winzigen Glauben verzeihen, komm, habe keine Angst!"

Als wir aus dem vorderen Teil des Palastes kamen, sah ich zwei endlos lange Mauern. Es war wie ein endlos langer Korridor. Nicht wie in der Hölle, wo der Tunnel nur etwa 100 Meter lang war. An dessen Ende sah ich die Welt der Hölle und die Flammen, die bis zum Himmel reichten. Diejenigen, die mit erhobenen Händen auf mich zukamen, schrien um Hilfe. Ich sah also auch im Himmel einen Gang, aber er war unendlich lang.

Dann wurde ich einer Wolke gewahr, die sich mir aus der Ferne näherte. Etwa 10 oder 15 Meter von mir entfernt löste sich diese Wolke auf, und in diesem Moment sah ich einen Mann vor mir. So wie ich dich jetzt vor mir sehe, sah ich Gott so nah. Aber zu meiner großen Überraschung war er etwa 20 Meter hoch und 5 oder 6 Meter breit. Er hatte einen Körperbau, wie ich ihn noch nie in meinem Leben gesehen hatte. Er war riesig. Ich dachte, er würde mich anschreien und mir sagen, dass mein Platz nicht hier, sondern in der Hölle sei, und mir sagen, ich solle ihm aus den Augen gehen. Ich dachte, er würde das zu mir sagen. Aber er schrie nicht und erhob nicht einmal seine Stimme. Er begann so sanft zu sprechen, wie Engel, dass ich nicht genug von ihm bekommen konnte. Ich könnte ihm ewig zuhören. Als Gott zu mir sprach, sprach er so sanft und sagte:

„Komm, habe keine Angst. Du hattest so viele Sünden, aber jetzt sind sie alle durch meinen liebenden Sohn ausgelöscht und vergeben."

In meiner Freude wusste ich nicht, was ich sagen sollte. Ich war bereit, etwas zu sagen. Ich hatte immer noch Angst, dass er mich anschreien könnte, wenn ich etwas sagen würde.

„Habe keine Angst! Ich habe beschlossen, dass du für deine Familie und für diejenigen, die erlöst werden wollen, auf die Erde zurückkehren wirst. Erzähle allen, mit denen du sprechen kannst, was du gesehen und gehört hast. Noch wichtiger ist es, allen zu sagen, dass die Gnade bald verloren sein, wird und die Welt untergeht. Geh und habe keine Angst, meine Seele wird immer bei dir sein."

Dann spürte ich einen kalten Luftzug und fand mich in meinem irdischen Körper wieder. In diesem Moment war ich nicht mehr vor Gott und ich sah sofort die weiße Straße, die sich hinter mir aufbaute. Den ganzen Weg bis zum Tor, dem Ausgang. Dann fragte ich die Engel:

„Warum die Straße immer enger wurde? Warum schlängelt sich die Straße nach oben? Den ganzen Weg zum Tor, zum Ausgang."

„Weil sich dieser Weg nur für die Besucher des Himmels öffnet. Für diejenigen, die nicht geglaubt haben und nicht glauben."

*Der Friedensvertrag von Trianon vom 04.06.1920, das sogenannte Friedensdiktat, die den Ersten Weltkrieg beendeten, zwang Ungarn, das $2/3$ seines Landes im Ersten Weltkrieg verloren hatte, die neue Grenze zu verlassen und infolgedessen wurden Millionen von Ungarn außerhalb der neuen Grenze vertrieben, was sich bis heute in verschiedenen Konflikten manifestiert.

Kapitel IV - Das Leben geht weiter

Nachdem ich aus dem Tor herausgekommen war, befand ich mich auf einem hohen Hügel und dann kamen zwei religiöse Gruppen auf mich zu. Die eine kam aus dem Dorf Márkaszék, dem Heimatdorf meiner Frau, die andere aus dem Dorf Ib im Komitee Silajd.

 Ich habe euch gehasst, aber jetzt liebe ich euch. Jetzt weiß ich, dass ich alle Menschen lieben muss, egal, wie sündhaft sie sind. Ohne religiöse oder nationale Unterscheidung. Wenn wir glauben, dann müssen wir alle gleich lieben, wir dürfen nicht diskriminieren. Ich habe früher Menschen diskriminiert und habe allen gesagt, wenn ich könnte, würde ich jeden Ungar/innen in diesem Land erschießen. Ich habe das als Kommunist gesagt, wenn ich als Kommunist die Macht hätte. Aber ich habe in meinem Leben noch nie jemanden geschlagen. Trotzdem hatte ich dieses Böse in meinem Herzen, das schließlich verschwand. Ich danke Gott dafür. Diese beiden religiösen Gruppen haben mir also etwas vorgesungen. Die eine war rumänisch, die andere ungarisch. Sie sangen, dass diejenigen, die ihre Samen der Freude säen, Tränen der Freude ernten werden. Wer seinen Samen unter Tränen sät, wird mit der Freude ernten. Aber nur, wenn die Saat vom Herrn ist. Ich kannte das Lied nicht. Der Engel zu meiner Rechten sagte:

„Deine Brüder und Schwestern werden dich willkommen heißen.
Mit ihnen sollst du dich über Gottes Wort freuen und mit ihnen
sollst du ihn loben.“
Und der Engel zur Linken sagte:
„Du sollst bei ihnen deine Sünden bereuen.“
Ich fragte mich, warum die Sünder ihre Sünden bereuen sollten.
Wenn Sie Sünder sind, warum sollte ich dann meine Sünden
bekennen? Weil die Bibel klar sagt, dass viele berufen sind, aber
nur wenige auserwählt sind. Dann sagten die Engel neben mir,
was meine Mutter immer sagte:
„Ab jetzt pass auf, dass du nicht fällst! Auf Wiedersehen!“
Die Engel gingen zurück in den Himmel. Ich glaube, ich werde
sie wiedersehen. Und wann? Das weiß nur Gott. Die Engel
kehrten in den Himmel zurück, und ich wachte in der
Leichenhalle auf.

In der Zwischenzeit kam meine Frau aus der Stadt, sie war einkaufen gegangen, um sich auf die Beerdigung vorzubereiten. Als sie an der Tür des Leichenschauhauses ankam, fragte sie: „Bist du das, Gavril?"

„Ja!"

Durch die Tür, die Tür war nicht verschlossen. Die Holztür im Inneren war nicht verschlossen. Die Außenseite war eine eiserne Gittertür.

Warum fragte sie so was? Sie kennt mich doch, oder? Sie konnte sich nicht vorstellen, dass ich es bin, denn sie wusste, dass ich tot bin. Wusste, dass ich tot war. Meine Frau Florika traute ihren eigenen Augen nicht, weil sie wusste, dass ich tot war und mich auf meinen Füßen stehen sah. In diesem Moment stand ich vor der Tür und beobachtete, ob ich jemanden im Hof sah, um ihn zu bitten, die Tür zu öffnen und das Schloss abzunehmen.

„Wie lange warst du in der Leichenhalle?"

„13 Stunden, ab Morgen früh."

Meine Frau war gerührt und hat mich noch einmal gefragt.

„Bist du das, Gavril?"

„Ja, ich bins."

Ich wusste, dass sie Florika hieß, aber ich wusste nicht, dass sie

meine Frau war, und ich wusste nicht, dass Jon mein Bruder war.
Schließlich ging sie zu einem Arzt, der einen Assistenten
schickte, der mir eine Menge Fragen stellte.
„Woher kommen Sie?“
„Ich komme aus der Grafschaft Szatmár, aber ich wohne in
Márkaszék, in der Grafschaft Szilágy.“
„Wo bin ich jetzt? Was für ein Raum ist das?“
Ich war erstaunt über die Holzbetten. Es gab sechs Betten aus
Brettern und ein Tisch, auf dem die Autopsie durchgeführt
wurde.
Ich wusste nicht, wo ich war, als ich aufgewacht bin. Wegen des
Raumes war ich erstaunt, wusste gar nicht, dass es ein
Leichenhaus ist. Die Assistentin, mit der ich durch die Tür
sprach, sagte mir, dass hier ein Wartezimmer ist. Im Leichenhaus
war ich alleine, dort war sonst kein Toter. Ich habe noch nie einen
solchen Raum mit Betten gesehen. Ich habe Warteräume gesehen
in Bahnhöfen und anderswo, aber nicht solche mit Betten. Die
Assistentin fragte mich weiter:
„Wie heißen Sie? Wie alt sind Sie? Wo haben Sie geheiratet?
Wie heißt ihre Frau?“
Dann ging sie und alle Ärzte kamen. Ich sagte Ihnen:
„Ich gehe hier nicht ohne meine Klamotten raus.“
Sie haben mir ein Bettlaken und meine Klamotten gebracht.
Meine Frau nahm das Laken und ich zog mich schnell an. Wir
gingen in die Praxis von Dr. Puskás. Alle Ärzte und Assistenten
waren da. Alle Patienten kamen vom Hof herein, um mich zu
sehen. Aber ich sah alle als Kind von etwa 8 oder 9 Jahren, bis
meine Frau und ich aus dem Hof des Krankenhauses auf die
Straße kamen. Auf der Straße erkannte ich nur meine Frau und

meinen Bruder und da war Dr. Puskás. Ich hatte ihn vorher noch
nie gesehen. Um die Verschreibung auszustellen, bat er mich ihm
zu sagen, an welcher Krankheit ich bisher gelitten habe? Er fragte
mich das, weil sie, wie er sagte, alle Tests gemacht und nichts
gefunden hatten und mich trotzdem für tot erklärten.
„Sie waren klinisch tot. Ich muss Ihnen ein Rezept ausstellen.
Sagen Sie mir, an welcher Krankheit haben Sie gelitten?" fragte
er erneut.
„Ich habe keine Krankheit gehabt, seit ich auf dieser Welt lebe,
sagte ich ihm. Habe nie Schmerzen gehabt, vielleicht manchmal,
wenn ich den Schnaps gemischt habe. Ich hatte ein bisschen
Kopfschmerzen, das ist alles. Andere Schmerzen habe ich nie
gespürt. Ich hatte nie eine Krankheit, aber wenn du es wissen
willst?"
Ich habe es Puskás gesagt: Ich habe ihm du gesagt, weil ich ihn
als Kind gesehen habe.
„Wenn du wissen willst, an welcher Krankheit ich bis jetzt
gelitten habe, dann sage ich es dir, dass ich an der schwersten
Krankheit gelitten habe, die es auf der Welt gibt. Die Krankheit
des Unglaubens und deshalb haben Sie mich hierher gebracht."
„Mein Herr! Sagte der Arzt. Ich muss Ihnen ein anderes Rezept
ausstellen und ich kann nicht auf das Rezept schreiben, dass Sie
die Krankheit des Unglaubens haben! Wir müssen die Diagnose
auf das Rezept schreiben."
„Sie können darauf schreiben, was Sie wollen, aber ich brauche
ihr Rezept nicht. Ich habe heute das heiligste Rezept von Gott
erhalten, dass meine Sünden vergeben sind. Ich möchte, dass du
dieses Rezept auch bekommst. Mir wurde heute vergeben und
von meinen Sünden freigesprochen und ich möchte, dass auch

Ihnen allen, die Sie hier sind, vergeben wird."

Der Ort war voller kranker Menschen, es gab viele von ihnen.
Aber Puskás schrieb ein Rezept aus und gab es meiner Frau.
Meine Frau steckte es in meine Hosentasche. Ich nahm das
Rezept aus meiner Hosentasche und warf es in den Mülleimer
hinter der Tür.

„Ich brauche ihr Rezept nicht, heute habe ich das Heilige Rezept
aus der Hand Gottes selbst erhalten, damit meine Sünden
vergeben sind, wiederholte ich an Dr. Puskás. Ich gehe nach
Hause, ich bleibe nicht hier. Ich bleibe nicht hier, sagte ich
wieder, ich bin an einem fremden Ort."

„Es ist in Ordnung, ich lasse dich auch gehen, sagte Dr. Puskás.
Geh zum Bahnhof und wenn du nichts zum Reisen dabeihast,
denn der Zug ist abgefahren, es sind 35 km bis Márkaszék. Ihr
hättet mit dem Zug fahren sollen, aber wenn es keinen Zug mehr
gibt, sagte Dr. Puskás, auch keinen Bus und wenn du keine
Chance hast ruf mich an. Gab mir seine Telefonnummer und
sagte, ich werde kommen und dich und deine Angehörigen nach
Hause bringen."

 Wir gingen auf die Straße hinaus. Unterwegs sah ich den Arzt als
einen großen Mann und danach nannte ich ihn nicht mehr beim
Namen, aber ich kannte seinen Namen nicht. Und wo? Auf der
Straße, vor dem Krankenhaus in Szilágysomlyó. Auf dem Weg
dorthin erkannte ich Florika als meine Frau und Jon als meinen
Bruder, aber ich wusste nicht, wer Puskás war. Ich sagte:
„Ich kenne dich nicht, wer bist du?"

„Wie? Kannst du dich nicht erinnern? Kennst du mich nicht? Du
hast mich bei meinem Namen genannt mit meinem Titel."

„Ah ja, Puskás! Du bist nicht der Arzt der Ärzte, sondern Jesus, der mich heute vor dem Tod bewahrt hat! Mehr noch, vor der ewigen Qual und hat mich in das Reich Gottes geführt."

Das waren meine Worte, die ich zu ihm sagte und er sagte mir auf der Straße zurück.

„Wie konntest du mich mit meinem Titel und mit meinem Namen anreden? Und jetzt kennst du meinen Namen nicht?"

„Ich weiß nicht, ob Sie ein Arzt sind, Doktor, ich habe Sie nie gesehen. Ich habe schon mal von Dr. Puskás gehört, aber ich wusste nicht, dass Sie das sind."

„Nun, dann wissen Sie, dass ich Dr. Puskás bin, der Geschwüre behandelt ohne OP. Haben Sie von mir gehört?" fragte er.

„Ja, ich habe davon gehört, Herr Doktor."

Ich sah ihn jetzt als einen großen, dicken und grauen Mann, aber in der Arztpraxis war er ein kleines Kind.

Nach zwei Wochen lehnte er ab, aber als ich ihn nach drei Wochen wieder besuchte, sprachen wir zwei Stunden lang mit ihm und seinem Assistenten. Ich habe ihnen zwei Stunden lang von meinem Erlebnis erzählt.

„Was hast du alles Dr. Puskás erzählt?", frage meine Frau.

„Alles, was ich hier gerade erzählt habe, habe ich ihnen im Krankenhaus gesagt."

„Meinst du, dass er dir geglaubt hat?"

„Dr. Puskas sagte: Sie hätten ähnliche Fälle gehabt, aber er glaubt nicht daran."

„Wir glauben nicht an das ewige Leben, so wie Sie vorher auch nicht daran geglaubt haben. Jetzt glauben wir nicht daran, aber wenn wir es so sehen wie Sie, glauben wir es vielleicht."

„Möge Gott Sie überzeugen, ich kann Sie nicht überzeugen. Das habe ich den Ärzten gesagt."

„Wenn Sie diese Erfahrung nicht gemacht hätten, wären Sie dann
überzeugt gewesen? Hätte Sie jemand überzeugen können?“
„Nein, niemand auf der Welt. Keiner hätte mich überzeugen
können. Ich hatte einen, der es versucht hat und ich habe ihm ins
Gesicht gesagt, dass er dumm ist.“
„Haben Sie Gott gesehen? Haben Sie den Himmel gesehen?
Haben Sie die Hölle gesehen? Wie können Sie mich von diesen
Dingen überzeugen?“
„Gott hat mich überzeugt und mir geholfen zu sehen.“
„Wie können Sie mich überzeugen? So etwas gibt es nicht!“
„Aber Gott hat mir geholfen, durch den klinischen Tod zu
begleiten. Ich weiß, dass ich für tot erklärt wurde. Welche Art
von Tod es war, weiß ich nicht. Aber ich weiß, dass ich ihn
gesehen, gehört und gefühlt habe aber nicht mit diesem Körper,
nicht mit diesen Augen und nicht mit diesen Ohren, sondern ich
habe alles klar gehört und klar und deutlich gesehen, anders als
mit meinen körperlichen Augen.“

„Wie viele Ärzte haben mich insgesamt für tot erklärt?", fragte ich von meinem Bruder.

„Es waren 5, Puskás und 4 andere Ärzte."

Dr. Puskás rief die anderen Ärzte, die mit dem Pulsmesser kamen, um den Herzrhythmus am Handgelenk zu überprüfen, und sie stellten fest, dass ich keinen Puls und keinen Herzschlag hatte, und erklärten mich dann für tot.

„Welche Botschaft hast du für die Menschen, die deine Geschichte hören, und welche Botschaft hast du für diejenigen, die in der Situation sind, in der sie sich vor dem Erlebnis befanden?"

„Den Menschen, die nicht an Gott oder den Teufel glauben, wünsche ich von ganzem Herzen, dass sie das tun, was ich mir gewünscht habe. Lesen Sie die Bibel, das Wort Gottes, das sie durch den Gott überführt, und beten Sie, dass Gott sich Ihnen offenbart. Natürlich nur, wenn sie etwas über das ewige Leben wissen und die Realität des Himmels kennenlernen wollen. Denn sie wollen Gott und Jesus Christus kennenlernen. Beten Sie zu Gott und Gott wird sie durch den Heiligen Geist überführen. Die Kraft des Heiligen Geistes von Gott und Jesus Christus ist das, was ich auf dem Hof in dieser kleinen Gemeinschaft bei der Arbeit spürte, bevor meine Erfahrung begann." „Niemand, außer

Gott, hat also eine solche Macht?“

„Keiner!“

„Diese Überzeugungskraft kommt auch von ihm?“

„Ja, sie kommt von ihm!“

„Wenn die Kraft, die wir den Heiligen Geist nennen, nicht gewesen wäre, hätte mich, glaube ich, niemand auf der Welt überzeugen können, mich zu ändern.“

„Hast du dir diese Veränderung nicht ausgesucht?“

„Nein, ich habe es mir nicht ausgesucht.“

„Wenn es nach mir ginge, würdest du dich nie ändern?“

„Niemals“, deshalb habe ich es meiner Mutter gesagt:

„Mutter, wenn du Tag und Nacht beten würdest, wenn du Tausend Jahre beten würdest, ich würde mich nicht ändern. Du wirst hundertmal sterben, sagte ich ihr, bevor ich in der Lage sein werde, Buße zu tun oder mich zu ändern. Reue ist nicht für mich gemacht, meine Mutter! Ich habe dir schon oft gesagt, dass Beten für alte Leute wie dich und für dumme junge Leute ist, die nicht wissen, wie man in dieser Welt lebt. Sie wissen nicht, in was für einer Welt sie leben.“

„Es gab Reue für meine Schwester, warum ist sie mit 17 Jahren gestorben?“ Danach sagte meine Mutter:

„Wenn sie die Möglichkeit hatte, zu bereuen und umzukehren, warum solltest du das nicht auch tun? Ich möchte, dass du auch konvertierst.“ sagte meine Mutter.

„Du kannst beten, bis dir die Knie weich werden, aber ich werde mich nicht bekehren.“

Meine Mutter hat immer für mich gebetet, permanent. Ich wundere mich, dass es keine Grube in der Mitte des Hauses gab, nachdem sie so oft niedergekniet ist und für mich und für meine

Geschwister gebetet hat.

„Aber du siehst, deine Brüder und Schwestern möchten sich nicht zu Gott bekehren und ich versäume nicht, Gott dafür zu danken, dich bekehrt zu haben, mein Sohn", sagte meine Mutter.

Deshalb bitte ich alle Mütter, Ehefrauen und Frauen, für ihre Ehemänner, Kinder und Angehörigen zu beten. Denn Gott hört, verwandelt, überführt und rettet sie, so wie er mich verändert, überführt und überzeugt hat. Und jetzt bin ich voller Freude und bereit, jederzeit dorthin zurückzukehren. Zurück zu einer Glückseligkeit, die sich nicht in menschliche Worte fassen lässt.

„Hast du keine Angst vor dem Tod?"

„Überhaupt nicht, ich kann es kaum erwarten!"

„Warum sollte ich Angst haben? Ich weiß, dass der Tod keine schlechte Sache ist. Der Tod ist für mich nur ein Paukenschlag, der mich von dieser Welt in die Welt bringt, die ich dort gesehen habe. Ich weiß, dass ich hier geboren wurde, und ich aus dieser Familie stamme. Habe zwei Söhne und eine Tochter und insgesamt vier Enkelkinder. Ich bin bei ihnen und glücklich, fröhlich, aber ich fühle mich selbst unter ihnen wie ein Fremder. Sehne mich sehr danach, dorthin zurückzukehren. Im Himmel, in dem meine wirklichen Lieben sind, habe ich das Gefühl, dass sie meine wirklichen Brüder und Schwestern sind und dass meine wirklichen Eltern dort sind."

„Was glaubst du, warum du diese Erfahrung machen musstest?"

„Ich glaube, in erster Linie um mich, um meine Familie und um andere Menschen zu retten.

Deshalb hat Gott dir gesagt, du sollst zu allen gehen, mit denen du reden kannst und ihnen alles erzählen, was du gesehen und gehört hast."

„Was glaubst du, warum?"

„Denn bald wird die Gnade weggenommen und die Welt untergehen. Sag allen, was Gott dir gesagt hat, sie sollen Buße tun. Ohne Buße und Umkehr ist es für niemanden möglich, in das Reich Gottes zu kommen! Dies ist das Wort Gottes und dies ist die Wahrheit, gesegnet sei sein Name!"

Wir gingen also zum Bahnhof, und es kamen mehrere Autos und mein Bruder winkte, dass sie uns mitnehmen sollten. Sie gaben alle zu verstehen, dass sie nicht weit fahren würden. Dann kam der Zilad Castle Special und ich sagte meinem Bruder:

„Du sollst mich winken lassen! Du hast vergeblich gewinkt!"

„Der Bus hält nicht hier, nur in Zilad, Várad und den großen Bahnhöfen. Es nützt nichts. Ich habe es versucht."

Ich winkte und der Bus hielt an.

„Wohin wollen Sie denn fahren?", fragte der Busfahrer.

„Nach Márkaszék, das ist 1 km von der Straße nach Várad entfernt."

„Ich weiß, wo Márkaszék liegt! Steig ein!" sagte der Fahrer.

Wir stiegen in den Bus und setzten uns hinter den Fahrer. Meine Frau saß auf der linken Seite und mein Bruder auf der rechten. Der Fahrer drehte sich um und fragte:

„Woher kommst du?"

„Warum interessiert es dich, woher wir kommen?"

„Haben Sie ein Geschwür?"

„Nein, ich habe kein Geschwür."

„Ich hatte die schwerste Krankheit, die ich bisher hatte. Die Krankheit des Unglaubens."

„Was haben Sie gesagt? Ich habe nicht verstanden. Erzählen Sie

es mir noch einmal, ich bin neugierig." sagte der Fahrer.
Er war überrascht.

„Was für einen Unsinn reden Sie da mit mir? Was für eine
Krankheit ist der Unglaube? Hörst du mich? Sagen Sie es noch
einmal!"

Ich habe es wiederholt.

„Ich habe bis heute an der Weltweit schwersten Krankheit
gelitten! Viele Menschen landen wegen der Krankheit des
Unglaubens im Krankenhaus und im Gefängnis. Ich zum Beispiel
war im Krankenhaus, um mich behandeln zu lassen, aber nicht
wegen dieser Krankheit. Sie haben mich dort für tot erklärt."

„Komm und erzähl mir davon!", sagte der Fahrer.

Ich ging nach vorn, hielt mich an der Reling fest und begann zu
erzählen. Dann standen alle Menschen im Bus auf, kamen nach
vorn und forderten mich auf, laut zu sprechen. Alle wollten
hören, was ich zu sagen und was ich ihnen zu erzählen hatte, alles
habe ich allen im Bus erzählt.

Als ich nach Hause kam, fragten sich alle, was vorgefallen war,
weil sie dachten, ich sei tot.

„Wir haben dich morgen tot weggebracht und jetzt kommst du
abends auf eigenen Füßen zurück?"

Alle waren sehr überrascht und der Hof war bald voller
Menschen. Sie stellten mir eine Menge Fragen. Vor dem Haus
gab es eine Stufe, auf die ich mich stellte und von dort aus
begann ich mit den Leuten zu sprechen. Auf dieser Reise hat Gott
viele Seelen überführt. So sei es!

Nachwort

Das Ziel des Buches ist es mit dieser wahren Geschichte Menschen anzusprechen, die noch auf der Suche nach dem Sinn des Lebens sind, ihn aber bisher nicht gefunden haben, um ihn zu erkennen und so Gott näherzukommen. Gott ruft alle Menschen und wartet auf sie. Wenden Sie sich Gott zu und glauben an ihn. So werden Sie verändert, bekehrt und predigen das Evangelium, wo immer sie können, denn es bleibt nicht mehr viel Zeit.

Evelyn Lawrence

„Denn viele sind berufen, aber wenige sind auserwählt."
(Bibel Matthäus 22 - 14)

Danksagung

*Erstellung und Gestaltung
wurden mithilfe von
WriteControl
und
Adobe Photoshop
vorgenommen*